65

D0546696

L'HARMATTAN
AFRIQUE - ASIE - AMERIQUE LATINE
ANTILLES - MONDE ARABE
16, rue des Ecoles
75005 PARIS

TON BEAU
CAPITAINE

SIMONE SCHWARZ-BART

TON BEAU
CAPITAINE

Pièce en un acte
et quatre tableaux

ÉDITIONS DU SEUIL
27, rue Jacob, Paris VIe

Cette pièce a été créée aux troisièmes rencontres caribéennes de théâtre en Guadeloupe le 28 avril 1987. Mise en scène de Cyto Cavé, avec Max Kenol et Marianne Mathéus ; décor de Charles Quillin. Production du CAC de Guadeloupe, aide à la création et aide au projet du ministère de la Culture.

ISBN 2-02-009832-6

© ÉDITIONS DU SEUIL, OCTOBRE 1987

Décor.

Intérieur d'une petite case créole. La pièce unique comprend un escabeau devant une caisse à savon, un matelas au sol, un réchaud à pétrole dans un angle, quelque vaisselle, une paire de chaussures, un costume suspendu, chemise, cravate, une petite glace de plastique ; sur la caisse, un poste de radio à cassettes. Les volets sont ouverts sur la nuit.

Personnages.

— Wilnor Baptiste, ouvrier agricole haïtien, homme d'une trentaine d'années plutôt long et maigre. Le rôle peut éventuellement être joué par un homme blanc, teinté ou porteur d'un masque assez souple pour permettre de visualiser les mouvements de la bouche ; le corps de cet homme resterait blanc.
— Un poste radio à cassettes.

Indications scéniques.

Par le moyen de la danse et de la musique, est proposé un espace résolument imaginaire, analogue par exemple à celui du théâtre Nô. Les danses traditionnelles sont soumises à un traitement qui les rapproche du ballet ; leur fonction est dramatique ; elles n'expriment pas des états d'âme collectifs, mais les divers moments d'un drame individuel. Elles sont, si l'on veut, une langue supplémentaire dont dispose le personnage principal. Ce mode d'expression plus ou moins secret est fréquent aux Antilles. La musique y joue sa partie : souvent, les sons que l'on entend dans la pièce, voix humaine, tambour ou orchestre, émanent directement de l'âme du personnage. Ce sont des illusions auditives portées sur la scène ; d'où, en certains cas, l'appel au synthétiseur. Un même chant est parfois réel (il sort effectivement de la cassette), et parfois imaginaire.

TABLEAU I

La nuit. Des pas. Une porte s'ouvre. Un
meuble qu'on heurte.

WILNOR

Attention, l'ami, ce pays est précieux, fragile,
même le ciel ici est en porcelaine ; alors ne va
pas leur casser un meuble, à tous ces braves
gens.

(Un craquement. Une lampe à pétrole s'al-
lume. Un ouvrier agricole noir, sabre d'abat-
tis à la main, une besace. L'homme extrait
une grande enveloppe de la besace et la
déchire avec lenteur, comme s'il dégageait
une lettre ; en extrait une cassette qu'il main-
tient en l'air.)

L'avion a fait bon voyage, merci. Et la cassette m'a été remise le jour même de l'arrivée du frère Archibald, merci, merci Bon Dieu. *(Petit rire.)* Wilnor, mon cher, je t'apprends que rien ne t'appartient ici, pas même l'herbe des chemins, pas même le vent. *(Petit rire.)* Et si tu veux savoir, la seule chose qui soye vraiment à toi *(il amène la cassette à hauteur de ses yeux)* : c'est ça vieux camarade, c'est ça.

(Il s'assied sur l'escabeau, engage la cassette dans le poste, appuie. Rumeurs diverses, rires, voix enfantines, chant d'un coq, on devine toute une petite société assemblée autour de l'enregistreur. Puis une voix féminine s'élève et chasse tout le monde. Silence total sur la bande cassette. Enfin, cette même voix féminine se met à chanter.)

« *Moin n'aime danser, moin n'aime chanter.* » Etc.

(Le chant est vif et la voix gaie, malicieuse,

*portant sur les aigus. Déjà le chant s'arrête et
la voix féminine reprend.)*

LA VOIX

Allô, allô Wilnor, Wilnor Baptiste, dès que tu
entendras cette voix, tu sauras que c'est
Marie-Ange qui te parle. J'ai chassé tout mon
monde de la case, y compris le coq, et
maintenant nous sommes seul, toi et moi, toi
là-bas et moi ici, toi ici et moi là-bas, c'est
pareil.
Wilnor, comment vas-tu ? comment, *comment* vas-tu ? J'ai tant de choses à te dire que
ma langue en est toute sèche. On dit,
l'homme n'est pas seul sur la terre, il a des
voisins. Et avant d'entamer mon petit dialo-
gue, me faut d'abord t'envoyer quelques
salutations, n'est-ce pas ? Selon l'usage, selon
ce qui se fait, selon ce qui se doit, selon...
(Débit soudain accéléré.) Tes père et mère
vont bien merci *(un « merci » ample et céré-
monieux, qui casse le rythme)* et t'adressent le
bonjour. Tes sœurs Lolotte, Finotte et
Génotte vont bien merci *(idem),* elles t'adressent le bonjour. Tous les parents et alliés et

13

amis réunis vont bien merci *(idem),* ils t'adressent le bonjour. Bonnes nouvelles aussi de tous nos exilés de par le monde : Grenade, Saint-Domingue, Portorique et la clique, ils vont bien et t'adressent le bonjour. *(On entend nettement le souffle court de la femme, qui reprend à un rythme un peu plus normal.)* Cependant, je dois te le dire, hélas seigneur : ton ami Petrus s'est pour ainsi dire noyé, perdu corps et biens, avec une trentaine d'âmes qui essayaient de gagner les Amériques sur un radeau. Maman Petrus quand elle a appris la nouvelle, la vieille, le sang lui a bouché les cordes vocales et elle est tombée par terre, soufflant comme un cachalot. On la voyait déjà morte, morte-morte, et toute la nuit on a pris sa respiration. On lui a posé des compresses. Mais figure-toi, ça serait une chose à rire, à rire tout bonnement, s'il n'y avait pas ton ami au fond de l'eau ; figure-toi le lendemain elle était vivante, enfin vivante à peine, mais vivante, et quand on lui demande comment elle se porte, elle vous répond d'un air maussade : j'aurais bien dormi, si on m'avait laissée tranquille. *(Rires stridents,*

14

puis la voix reprend sur un cours tout à fait normal.) Wilnor, comment vas-tu? comment, *comment* vas-tu? Dans la dernière cassette que tu m'as envoyée, il y a trois mois? trois mois déjà? tu dis que tu es gras comme un cochon de Noël, habitant une maison à colonnades et portail, avec tellement d'ampoules électriques que tu flottes au milieu des étoiles. Je ne voudrais pas te contrarier, Wilnor, la Vierge épargnez-moi. Mais l'homme qui m'a apporté tes commissions — merci pour l'argent, Wilnor, merci pour cette montagne de cadeaux —, ce jeune homme-là m'a dit que nos frères exilés en Guadeloupe n'habitent pas des demeures à colonnades et portail, mais plutôt, révérence parler, des pots de chambre. Il disait peut-être ça pour rire, mais ça m'a inquiétée, Wilnor, ça m'a inquiétée. Et quand je lui ai demandé quelle impression tu fais, d'abord il n'a pas voulu me répondre. Puis il m'a dit que tu avais beaucoup changé, maigri, fondu comme une chandelle. Que tu faisais maintenant l'impression d'un nègre tout rétréci. Rétréci au-dehors et rétréci du dedans.

15

Rétréci rétréci. *(Un sanglot bref.)* Rétréci. *(Sanglot.)* Peut-être il disait ça encore pour rire mais ça m'a inquiétée, Wilnor, ça m'a mise en souci. Et cette même nuit-là j'ai fait un rêve. D'abord je me suis vue en rivière à laver ta chemise de flanelle, la grise avec des rayures rouges, la belle. Et tout à coup, je m'aperçois que suis en train de laver ton corps vivant. *(Un temps.)* Ton corps vivant. *(Un temps.)* Tu étais tout plat à l'intérieur de la chemise, Wilnor. La tête et les mains dépassaient, les jambes, tout ça plat comme une image du journal. Tu essayais de fuir et moi je voulais te retenir. Mais tu fondais entre mes bras et bientôt il n'y a plus rien eu dans la chemise, Wilnor : elle était vide, vide...

(L'homme arrête la cassette et grommelle.)

WILNOR

Une femme a vraiment besoin d'un homme ; à peine je suis parti, et jusqu'à ses rêves qui se détraquent...

16

(L'homme se lève, perplexe, vient se contempler dans la petite glace fixée au mur ; met une chemise blanche et une cravate, s'examine d'un œil nouveau ; enfin, redresse les épaules.)

WILNOR

Sûr : une femme a vraiment besoin d'un homme.

(L'homme revient s'asseoir à la caisse et appuie sur le bouton d'un air assuré. Silence. Puis au bout de longues secondes, d'abord très faible, chuchotée, la voix de la femme s'élève en crescendo, peu à peu soutenue par le rythme de mains légères battues l'une contre l'autre.)

« *Moin n'aime danser* », etc.

(Cette fois tout le premier couplet.)

Enfin la femme reprend.

Wilnor, Wilnor, aujourd'hui 2 février 1985, ça fait bien longtemps que je t'ai chanté cette

17

chanson pour la première fois. Tu disais souviens-toi, tu disais, tu disais que c'est ce qui t'a convaincu de te mettre la corde au cou : une femme ailée, qui chante comme une libellule, en dépit des tonnes de peines accrochées à ses jupes. Et puis tu es parti, tu t'en es allé gagner le pain des errants. Mais toi, l'esprit toujours plein de merveilles, tu voulais le pain et le reste, tu parlais de faire fortune, tu rêvais d'acheter un terrain en bord de rivière et une vache. Toutes les nuits tu rêvais de ça, je t'entendais. Et j'ai fini par prendre goût à ton rêve. Je le voyais ce terrain, je la voyais cette vache, je la trayais même cette vache. C'est comme ça que je t'ai laissé monter dans l'avion, Wilnor. *(Pause.)* Les années ont passé. *(Pause.)* Je n'ai manqué de rien, je n'ai manqué de rien depuis ton départ. Je n'ai pas le ventre creux et mes pieds ne sont jamais nus le dimanche. Oui, tu as toujours su pousser tout ce qu'il faut d'argent, de bel argent, en direction de mon plancher. Mais maintenant on me dit que tu deviens tout rétréci, et c'est pourquoi je t'implore à deux genoux : reviens, reviens,

18

mon cher Wilnor, même si c'est sans le terrain et la vache...

(Longtemps, on entend un souffle précipité dans la cassette, puis la voix reprend sur un rire léger.)

LA VOIX

Wilnor, je voudrais être un bateau qui s'en va vers la Guadeloupe. Là-bas j'arrive et tu montes à l'intérieur de moi, tu marches sur mon plancher, tu poses ta main sur mes membrures, tu me visites de la cale à la cime du mât. Et puis tu mets la voile et je t'emmène dans un pays loin, loin, très loin. *(Pause.)* A l'autre bout du monde, peut-être, où les gens vous regardent pas comme des moins que rien, des cocos secs. Wilnor, y a-t-il donc pas un pays sur la terre où nous Haïti on peut travailler, envoyer quelque argent chez soi, de temps en temps, sans se transformer en courant d'air ? *(Pause.)* Wilnor, beau capitaine, si ma lettre te trouve le matin, je te souhaite le bonjour ; et si ma lettre te trouve le soir, *(ton ample et cérémo-*

19

nieux) je te souhaite le bonsoir. *(Pause.)* Ta femme en cassette. *(Pause.)* Marie-Ange.

(Un raclement de gorge inquiet, puis la voix.)

LA VOIX

A propos, tu vas peut-être te demander pourquoi je t'ai laissé sans nouvelles pendant trois longs mois. C'est justement de ça, de ça même que je voulais te parler, aujourd'hui, et je m'aperçois que c'est la seule chose dont je n'ai rien dit. Mais que veux-tu, mon cher, il y a parfois certains mots qui vous stoppent, vous restent en travers de la gorge, comme des arêtes de poisson. J'essaierai encore demain, avec la grâce de Dieu.

TABLEAU II

(La lumière revenue nous montre l'homme debout devant la caisse, figé d'étonnement. Apparemment, il a stoppé la bande pendant que la salle était dans l'obscurité, et il contemple maintenant l'appareil avec suspicion, n'ose le remettre en marche. Son doigt s'immobilise au-dessus de la touche, comme s'il craignait une brûlure.)

WILNOR

Si c'est une mauvaise nouvelle, elle ne perd rien à attendre un petit peu ; et si la nouvelle est bonne, elle n'en sera que meilleure.

(Il fait trois pas en direction d'une bouteille posée à terre, semble soudain trébucher, se

*retenir d'un bras à une corde invisible, tendue
en l'air, et l'on entend quelques mesures de
« ti-bois » qui semblent descendues du ciel ; il
trébuche encore une fois à gauche, à droite, au
rythme du « ti-bois », et tout en s'accrochant
à cette corde invisible fait le tour de la
bouteille et s'immobilise, les traits empreints
de béatitude.)*

WILNOR

A ce qu'il paraît, à ce qu'on dit au pays, ce
sont les dieux d'Afrique qui ont inventé le
tambour, pour nous donner une consolation,
et c'est le nègre qui aurait inventé le rhum, ce
qui n'est pas mal non plus, hélas Seigneur. *(Il
a porté la bouteille à hauteur de ses yeux et en
considère le contenu.)* La patience est au fond
de la bouteille. *(Il boit un grand coup.)* Tout
au fond. *(Deuxième grand coup.)*

*(La bouteille contre sa poitrine, il regagne la
caisse en sautillant avec humour, danse
comme poursuivi par des mesures légères de
« ti-bois ». Puis installé sur l'escabeau, il pose*

précautionneusement l'extrémité de son doigt
sur la touche.)

Wilnor, au sujet de l'histoire qui m'était restée dans la gorge, hier, tu vois ce que je veux dire ? Finalement je me rends compte qu'il n'y avait pas lieu d'en faire tant de cas. Tant de vent pour une si petite barque, tant de mousse pour si peu de chocolat. A bien y songer *(petit rire),* l'histoire est plutôt rigolote *(petit rire forcé).* C'est au sujet de l'argent, le gros argent que tu m'as fait envoyer, il y a trois mois, par ton compère du village de Raizailles. Je ne sais pas si c'est un grand ami à toi, mais si tu le revois un jour, ce dont je doute, car il est parti pour Miami, dislui de ma part que c'est un grand coquin. *(Soupir indigné.)* Donc, un beau matin, Monsieur se présente sur mon plancher, en veste rouge et cravate jaune, avec une épingle pas mal du tout et même assez jolie, on peut le dire. Bref, une belle épingle. Il se fait connaître, me remet bien honnêtement tous les cadeaux que tu lui as confiés pour moi, le

25

chemisier, les mouchoirs, la boîte de gâteries, tous les savons et tous les parfums, les savons parfumés, tout. Mais voilà-t-y pas, ce grand pendard, au moment de me donner l'argent, ton pauvre argent, il se ravise et me fait savoir que rien du tout il me donnera, rien du tout, si je ne passe pas par ses quatre volontés. Mon Dieu, une femme peut dire qu'elle voit des choses dans la vie. *Finalement* il renonce, mais ce n'est pas faute d'avoir essayé, l'animal, essayé tant et plus. *(Éclat de rire prolongé.)*

WILNOR

Mais, quelle est cette histoire ? Attends, attends !

LA VOIX
(enjouée)

Et figure-toi, à propos d'argent confié à de beaux jeunes hommes, qui viennent froisser de beaux billets sous votre nez, le nez de vos épouses, cette fois tu ne pourras pas t'empêcher de rire, tu vas rire tout de bon. C'est une dame de Port-au-Prince, grande dame, pieuse, une âme claire comme de l'eau de roche, vraiment une moralité exceptionnelle, et dont le mari cueille depuis des années des oranges en Floride. On dit qu'à force de cueillir des oranges, il est devenu un oranger lui-même, on peut le voir là-bas, debout toute la journée, à un carrefour, il tend ses branches vers les passants et c'est à qui lui arrache un fruit, c'est à qui le pille et le dévaste. On raconte ça pour rire, naturellement *(petit rire approprié)*. Bref, bref, pour revenir à ma musique, un jour cette dame de Port-au-Prince reçoit une visite de la part de son mari, un beau jeune homme vêtu d'une veste — mais qu'importe la manière dont il est vêtu ?... un jeune homme qui lui apporte argent et cadeaux de circonstance, comme ça se doit, entre une femme et un mari qui travaille dans les orangeraies d'Amérique. C'est alors que la chose devient rigolote. *(Un temps.)* Tout à fait rigolote. *(Un temps.)* Soudain elle est émue, *tellement* émue de voir le jeune homme, elle a l'impression qu'il lui apporte un peu l'air de son mari, un peu de son odeur. Elle regarde les yeux qui ont vu l'absent. *(Léger sanglot.)* Elle touche les mains qui hier encore, *hier encore* étaient au contact de l'absent. Mon Dieu !... *(Petit cri.)* Finalement ne sait plus très bien où elle en est. *(Soupir.)* Se retrouve au lit avec le jeune homme. *(Sanglot.)* Et en réalité c'est son mari. *(Pause.)* En apparence avec le jeune homme, mais en réalité allongée auprès de son mari, tu comprends, Wilnor ? *Tu comprends ? (Léger sanglot.)*

(L'homme secoue la tête sans comprendre ; long silence, puis la voix de femme se fait à nouveau entendre.)

LA VOIX

Comprends-tu, Wilnor ?

(L'homme désemparé.)

LA VOIX
(en un chuchotement)

Comprends-tu ? (Pause.) Wilnor, je te connais, je sais combien tu as les oreilles délicates. Cependant arrête de secouer la tête et calcule, réfléchis : en quel temps, en quel

28

monde t'imagines-tu donc vivre, mon pauvre ami ? Ici nous sommes sur terre, Wilnor, et sur terre c'est le tourbillon et la fumée, ce ne sont pas les grandes allées droites du ciel. Alors je t'en prie, arrête de secouer la tête et calcule, réfléchis, soupèse, ne m'oblige pas à dire toutes les paroles. *(Une pause, puis la voix sur un certain ton.)* Wilnor. *(Pause, autre ton de voix.)* Wilnor...

LA VOIX
(pour la première fois agressive)

Il y a tout bonnement que cette dame au Port-au-Prince, celle qui a pris l'odeur de son mari sur le jeune homme, celle qui en était tout étourdie, perdue de contentement, au point de tout confondre dans sa tête *(dans un aboiement)* c'est moi...

WILNOR

Toi ?

LA VOIX

Il blaguait tout comme toi, Wilnor, pareil, et ses yeux me rappelaient tes yeux, ses mains

me rappelaient tes mains. C'est toi que j'ai
serré dans mes bras, c'est seulement toi que
j'ai reçu sur ma couche...

WILNOR
(la coupe)

Assez !

LA VOIX

C'est toi, c'est seulement toi qui étais dans
mon lit, à la table de mon corps...

WILNOR

Assez vous dis-je, malpropre ! Assez parlé,
assez menti, assez dit la vérité ! assez toutes
choses ! assez tout le monde ! Laissez-moi !
laissez-moi !

*(L'homme arrête brutalement la cassette.
Silence. Fait quelques pas en avant, chance-
lant, prononce :* assez, assez les dieux ! *puis le
chancellement se transforme en danse (petits
sauts par côté, comme dans le Lérose), les bras
se soulèvent comme pour planer :* assez les
anges ! *et un tambour se met à battre, d'abord*

très sec, trépidant, puis change de rythme avec l'introduction de tout l'orchestre, tandis qu'une voix de basse module lentement, en grande majesté, et pourtant pleine d'une mélancolie secrète.)

« *Moujé moujé é o* », etc.

(L'homme danse maintenant les yeux fermés ; peu à peu l'obscurité tombe sur le plateau, le transforme en nuit et silence.)

TABLEAU III

(Lumière. L'homme ouvre les yeux, regarde autour de lui, stupéfait, la bouche béante. Revient à la « petite table » en respirant fort, essoufflé, comme s'il avait couru. A mi-chemin un son de ti-bois, un soubresaut à gauche, à droite, les bras horizontaux. Puis s'approche de la radio-cassette, la remet en route, non sans hésitation.)

LA VOIX
(étrangement sereine)

Wilnor, beau capitaine, c'est aujourd'hui 17 mars, jour de la Saint-Valentin, midi au ciel, mais on dirait minuit sur la terre, tout d'un coup on dirait. *(Pause.)* C'est aujourd'hui que notre chemin se termine, que notre manger brûle, que le toit de notre case s'envole. *(Pause.)* Et puisque nous allons nous séparer, si, si, ne dis pas le contraire, tu en as déjà décidé ainsi *(l'homme hoche la tête avec approbation),* me faut quand même te raconter la suite... car il y a une suite, Wilnor... te raconter comme il se doit, jusqu'à ce que toutes choses soient dites, accomplies, enfermées comme dans un linceul... La première fois que ton bon camarade est venu, c'était le mercredi 2 janvier, jour de la Saint-Eustache. J'ai pensé à toi en le voyant, et je l'ai accepté sur ma couche, après qu'il ait menacé de ne pas me donner mon argent. Il est revenu le samedi 7 janvier et j'ai de nouveau pensé à toi. Puis j'ai pensé à toi le lundi 9 janvier, le mercredi 11 janvier, le mardi 17 et c'est tout. Ce jour-là, ton image est tombée comme une écaille de son front et je l'ai chassé, je lui ai dit de quitter mon plancher. J'ai rien vu depuis lors. *(Pause.)* J'ai fait tout ce qui se doit pour fatiguer mon ventre. *(Pause.)* Finalement j'ai perdu la moitié de mon sang et on m'a emmenée à l'hôpital. *(Pause.)* Mais l'enfant n'est pas parti avec mon sang, il n'est pas parti, Wilnor, il n'est pas. *(Pause.)* Adieu.

(Long silence, dont la voix de la femme émerge comme par défi, plus vive que jamais, très haut dans les aigus.)

« *Moin n'aime chanter, moin n'aime danser. Aye, aye, aye.* »

(La voix se brise.)

« *Aye, aye, aye.* »

WILNOR

Ho ho ho !... Quelle femme ! *(Et toujours sur le ton de la surprise, quasi admirative.)* J'ai pensé à toi le 7 janvier, j'ai pensé à toi le 9 janvier, et le 11 janvier j'ai aussi pensé à toi ! Ho ho !... Et à force de penser à moi, il lui est venu un gros ventre !... Mais c'est trop prendre un homme pour un couillon !... Pour le roi, pour l'empereur des couillons, depuis qu'il pleut des couillons sur la terre !... Quelle femme !... Ho ho !...

(Il est tout abasourdi. On voit qu'il n'a pas encore pris la mesure de ce qui lui arrive. Il se lève, fait quelques pas. On entend un bruit très ralenti de ti-bois, auquel répond une tentative encore plus lente, traînante, de l'homme, un pas à gauche, un pas à droite. Puis il porte les mains à ses tempes et dit tranquillement, toujours étonné.)

WILNOR

Quel malheur !

(Les petits bois se remettent à jouer, de plus en plus nerveux ; puis ce sont trois coups de tambour bien appuyés, tandis que l'homme se retourne comme piqué par un dard, piaffe avec le tambour.)

WILNOR

Cette malpropre. Tout mon argent s'en allait vers son plancher, toute ma sueur. Mais c'est maintenant que je vais vivre, vivre ce qui s'appelle vivre. Ah oui ? Quel soulagement. *(Tam tam. L'homme fait un tour sur lui-même, s'immobilise avec le tambour.)* Tout mon argent ! *(Tam tam encore, même chose, mais sur le ton de la dérision.)* L'argent, l'argent ! *(Même chose.)* L'argent, l'argent, l'argent !

(Le tambour a un coup d'arrêt tranchant.)

WILNOR

Non, pas tout mon argent.

(Deux pas. Il soulève un coin du matelas, gratte frénétiquement le sol avec ses mains ; retire un bocal contenant une liasse de billets. L'amène d'un air sombre vers la caisse et le dépose près de la radio-cassette, retire les billets et les éparpille devant lui.)

WILNOR
(amer)

Non, pas tout l'argent.

(Soudain il saisit la radio-cassette, la soulève comme pour la broyer, tremblant de violence contenue.)

Chère Marie-Ange. Quand tu entendras cette voix, tu sauras que c'est Wilnor qui te parle, Wilnor Baptiste, qui te répond. OK ? *(Pause.)* Ma chère, je te remercie d'avoir tellement pensé à moi, à moi personnellement, Wilnor Baptiste, roi, empereur des bons enfants. Moi-même j'ai beaucoup pensé à toi, pourquoi te le cacher plus longtemps ? depuis mon arrivée à la Guadeloupe j'ai beaucoup pensé à toi. Avec toutes ces négresses en falbalas, et toutes ces petites mulâtresses zinzins, qui vous piquent comme des moustiques, du matin au soir ; belles, belles comme l'arc-en-ciel, si tu veux savoir. C'est ça les femmes d'ici, Marie-Ange. Surtout depuis que j'ai une maison à colonnades et portail. Elles aiment ça, on n'y peut rien, elles aiment venir sur mon plancher, quand même je ne suis qu'un Haïtien. Leur nègre à eux, le nègre des nègres, si tu veux savoir, Marie-Ange. Au début, je prenais des bains de siège du lundi matin au samedi soir, parce que je voulais te garder ma parole. Et puis je suis tombé dans la fosse, je suis tombé dans le sortilège, tout comme toi. Leurs yeux me rappelaient tes yeux, leur odeur était devenue ton odeur, comprends-tu, Marie-Ange ?... *Comprends-tu ?* Hé oui, c'est ainsi quand la séparation s'installe, quand les bateaux s'éloignent, quand les avions se mettent à rugir de tous leurs moteurs ; le corps de l'homme crie après le corps de la femme, le corps de la femme crie après le corps de l'homme et c'est ça que veut le Bon Dieu. La séparation est un grand océan, et plus d'un s'y noie. OK ? OK. A part de ça tout va bien merci, merci Bon Dieu. Vois-tu, j'ai tout ce qu'il me faut ici, il ne me manque plus qu'une voiture, une petite voiture à quatre roues et qui crache. Elles aiment ça, les femmes d'ici, on n'y peut rien, elles aiment ça, les voitures automobiles. *(Pause.)* Avec ça je penserai encore plus à toi, avec une voiture, une voiture automobile. Adieu. *(Sa voix se casse.)* Wilnor. *(Mécontent, il secoue la tête, essaie un autre ton de voix.)* Wilnor. *(Encore insatisfait.)* Wilnor. *(Hoche la tête d'un air approbateur, et puis semble à*

41

nouveau insatisfait et cherche l'inspiration, tendu, sourcils froncés ; et soudain lâche tout à trac.) Que veux-tu ma pauvre Marie-Ange ? l'homme est un rat, la femme une rate, ni l'un ni l'autre ne valent un coup de fusil. OK ? OK.

(Ses mains ont maintenant quitté la cassette, et il s'est redressé, sur son siège, les yeux perdus dans le vague.)

WILNOR

Le plus grand couillon jamais vu sous les étoiles. *(Il rigole.)* Mais c'est bien loin tout ça. *(Il a un geste.)* Bien loin.

(Comme appelées par ce geste, on entend les premières notes, venues d'ailleurs, d'un sacrément joyeux quadrille créole. Changement dans l'attitude de l'homme. Il écoute, il paraît plus détendu. Ses épaules bougent, ses mains remuent, ses dents luisent. Il se lève tout guilleret et fait quelques pas de danse, tandis que le quadrille se met en place aux accents puissants du commandeur.)

« *Prenez vos cavalières* », etc.

(*Il danse le quadrille en compagnie de trois partenaires invisibles. Parfois il soutient gaillardement de la voix le commandeur. A d'autres moments (à cinq reprises) la musique s'arrête comme tranchée d'un coup de rasoir et l'homme poursuit ses évolutions dans le silence total du plateau, mais à une allure extrêmement lente, comme une bande image déphasée ; dans ces instants, il lance quelques mots, eux-mêmes déformés, étirés, passés au synthétiseur ; les bouts de phrase qu'il lancera successivement, lors des cinq arrêts de l'orchestre, sont dans l'ordre les suivants :* « malpropre » ; « laissez-moi, vous dis-je » ; « la vie, d'accord la vie ; mais où est-elle donc la vie, où est-elle ? » ; « aïe, les petites négresses à falbalas » ; « les petites mulâtresses zinzins ». *Après chacun de ces bouts de phrase le quadrille repart comme avant ; donc cinq arrêts et cinq reprises. Mais soudain c'est un arrêt définitif, musique et danse, et lui-même stoppé en plein élan se retrouve sur un pied, face à la salle, ses traits joyeux métamor-*

phosés en un étrange masque de douleur, yeux fermés et bouche entrouverte. Obscurité.)

TABLEAU IV

(L'homme s'est immobilisé un peu dans la position d'un volatile. Il contemple ses ailes, un coup d'œil à gauche, un coup d'œil à droite.)

WILNOR

Quel beau quadrille : un peu plus et je m'envolais.

(Le pied dressé redescend lentement vers le sol, qu'il frotte une fois ou deux avec lassitude.)

WILNOR

La terre.

(Tordant le cou en direction de la cassette, il dit après un silence.)

WILNOR

Pauvre Marie-Ange, tout de même.

(Il fait un pas vers la cassette.)

WILNOR

Pauvre, pauvre Marie-Ange.

(Il s'assied, secoue la tête avec un sourire très fin ; déclare enfin à la cassette.)

WILNOR

En vérité, en vérité je t'ai menti, moi-même je t'ai menti, petit oiseau. *(Petit rire.)* Depuis que je suis à la Guadeloupe, si tu veux savoir, jamais non, c'est drôle à dire, drôle, jamais il n'y a eu aucune femme sur mon plancher. *(Petit rire.)* Tous les soirs que Dieu fait, je me prends des bains de siège froids et parfois même ça m'arrive en plein jour, je remplis ma bassine et je m'assieds dedans. Quand je peux, aussi, je me trempe en plein torrent, des heures et des heures. Pour dormir, je me mets des enveloppements entre les cuisses, et je tiens toujours une bassine d'eau prête, à côté du lit, en cas que je me réveille. Parfois, tu sais, étendu dans le noir, comme ça *(il écarte les bras)*, j'ai l'impression que ça gonfle, ça me fait comme des ballons entre les cuisses, ça me fait comme si j'allais m'envoler, et puis tout d'un coup ça y est : je vole, je m'envole, je m'élève très haut dans la nuit *(petit rire)*, accroché à mes deux ballons.

(L'homme est assis, songeur, il émet une série de sons « philosophiques » de l'arrière-gorge et secoue la tête en souriant, étonné de tout ce qui a pu lui arriver dans l'existence. Il sourira ainsi durant toute la tirade qui suit, jusqu'à la première fois où sera prononcé le mot : recta.)

WILNOR

En vérité, pour ce qui est de l'argent, pour ce qui est de l'argent aussi, je t'ai menti, je ne t'ai pas dit la vérité. *(Un temps.)* Pas toute la vérité. *(Un temps.)* Je t'envoie mes économies, c'est vrai, mais je t'envoie pas les économies de mes économies, je les mets dans ma tirelire, dans mon bocal. *(Ainsi disant, il s'est saisi d'un billet qu'il offre à la flamme du manchon de la lampe ; tous les billets répandus sur la caisse, quelques-uns tombés à terre, seront ainsi peu à peu consumés, au fur et à mesure qu'il parle.)* Un bocal que j'enterre au pied de mon lit, pour me donner du poids, de l'assise. *(Petit rire.)* A cause de certains rêves bizarres plus qu'il n'est permis, des rêves qui m'entraînent dans des pays de plus en plus éloignés, de plus en plus étranges, étrangers, et j'ai peur un de ces quatre matins de ne plus retrouver le chemin du retour. Raison de quoi je dors sur mon petit pot d'argent, que j'enterre sous mes pieds. *(Petit rire.)* Juste sous mes pieds, pour leur donner l'idée, la voie, le chemin quand je rêve en pays lointain. *(Petit rire.)* Tu vois, ça en faisait tout de même pas mal, de billets. Certains, c'était pour une véranda que je voulais faire construire à mon retour, derrière la case, afin que nous puissions prendre l'air à la fraîche quand nous serons bien vieux, minces comme des feuilles, étirés, consumés de joie. D'autres, ceux-là, peut-être, c'était pour un couple de cabris que j'avais prévu dans ma tête, avec la vache. Et il y en a, c'était pour de la vaisselle en émail, il y en a c'était pour une robe blanche avec des souliers assortis, pour une radio-cassette qui nous appartiendrait, qu'on ne serait pas obligé de louer, et qui nous permettrait d'écouter toutes les cassettes de toutes ces années, toutes ces années en cassette. Et il y en a aussi c'était pour rien, tout bonnement en prévision d'un songe, une fantaisie, une lubie qui nous viendrait un jour, au bout du bout de toutes ces années, un jour que nous serions à prendre l'air à la fraîche, par exemple, sous la véranda même que j'aurais fait construire, au lendemain de mon retour, recta.

(Le dernier billet vient de prendre fin sur ce dernier mot, qu'il répète sans plus sourire : recta. Il regarde ses doigts pleins de cendre.)

WILNOR

Et maintenant, voilà ?...

(On entend la voix de la femme venue de très loin, déformée au synthétiseur, en telle manière que chacune des syllabes s'étire infiniment en longueur, presque méconnaissable, presque réduite à une sonorité de scie musicale, et tout cela si possible avec un accent dramatique poignant.)

« Moooooiiin n'aiiiime chaaaaaannnnnnteeeer
Mooooooooooooooin n'aime daaaaaaaaaaaaanser... »

(Les coudes appuyés sur la « table », l'homme a plongé son visage dans ses mains, comme perdu en pensée. On entend à nouveau la voix de la femme, plus proche, toujours travaillée au synthéthiseur, mais comportant cette fois un débit intermédiaire entre le débit lentissime précédent et son débit normal, tandis que la tonalité elle aussi s'est modifiée, devenue « neutre », intermédiaire entre la tristesse infinie et l'extrême gaieté « normale » de la femme.)

« Moooin n'aïïiime chaaanter
Mooooooin n'aime daaaaanser… »

(Cette fois, l'homme soulève légèrement la tête, écarte ses doigts devant ses yeux. La voix de la femme part alors en fusée, vive, aiguë, terriblement vivante, au rythme normal de la chanson, qu'elle interprète pour la première fois jusqu'au bout.)

« Moin n'aime chanter
Moin n'aime danser, etc. »

(Au milieu de cette chanson, la main de l'homme avance avec hésitation et se pose sur la cassette, la caresse tendrement. La caresse continue après la chanson, lorsque l'homme se remet à parler.)

WILNOR

Marie-Ange. *(Un temps.)* Quand j'ai lu ta cassette, un instant, un court instant, j'ai failli douter de toi. *(Un temps.)* Un instant. *(Un temps.)* Heureusement, j'ai toujours été bien vu par ceux qui peuplent le ciel. C'est ça ma

chance, d'être bien vu par ceux d'en haut. Et
j'étais là, à croire sans croire, à douter sans
douter, quand tout soudain j'ai entendu ta
voix, ici même, sur mon plancher, ta voix qui
allait et venait, comme dans les temps
anciens. Et ça m'a éclairé. Éclairé. C'était
peut-être un beau geste, une grâce de saint
Antoine de Padoue. Ou c'était peut-être un
dieu de Guinée, Legba, oh oui, ou Damballa
Ouédo, ou peut-être même Erzulie Freda
Dahomey, la bonne, la chère, la si bonne et
chère. Je ne sais pas qui c'était, je ne sais pas,
j'ai toujours été bien considéré par ceux d'en
haut. Et brusquement je me suis vu éclairé,
éclairé — éclairé, ô, éclairé ; comme si j'avais
une ampoule électrique au milieu de la gorge.
*(Ses mains de part et d'autre de sa gorge
miment la lumière qui irradie.)* Voilà.
(Pause.) Et maintenant je vois, je sais, je
comprends. Moi-même, pour dire la vérité,
moi-même je m'en souviens à présent, il
m'est arrivé plus d'une fois d'être mystifié,
tout pareillement que toi, Marie-Ange. Ainsi,
je regarde une de leurs femmes passer dans la
rue, et tout d'un coup c'est comme si je

t'avais devant les yeux, Marie-Ange. Et c'est ça, c'est ça la séparation, Marie-Ange. Et si cette femme venait droit sur moi, il ne faudrait pas me pousser beaucoup pour la mettre dans mon lit, au milieu de ma maison à colonnades et portail. C'est ça, c'est ça même. Hé oui, la séparation est un grand océan, elle emmêle toutes choses, elle les secoue comme dans un cornet à dés. On se met à voir avec les oreilles, on entend avec les yeux, on touche de la main ce qui est très éloigné ; et ce qui est proche, au contraire, ce qui vous entoure, on le regarde ni plus ni moins comme de la fumée. Marie-Ange, parfois même il m'arrive des choses qui sont à rire, à rire tout bonnement. Certains jours, quand je les vois trotter devant moi, sur la route, ces petites négresses en falbalas, et toutes ces petites mulâtresses zinzins, ça me fait un coup dans le ventre pareil que si c'était toi, un coup sec, une douleur, et soudain je me sens léger, léger, m'envole comme si j'étais emporté par deux ballons, ouaaaye ! *(Il rectifie.)* Un ballon.

(Il saisit la bouteille, avale une gorgée de rhum, claque solennellement de la langue, en homme assuré de lui-même.)

WILNOR
(air de majesté tranquille)

Encore un mot, juste une petite recommandation. Repose-toi maintenant au long des jours que Dieu nous donne. Ne te mets pas l'âme en peine, si tu veux que l'enfant rentre dans la vie du bon pied. Mastique bien tes aliments, garde-toi un cœur joyeux et écarte de ta vue toute laideur, afin qu'il ne vienne pas au monde avec un nez de travers, ou la bouche en tuyau de pipe, par hasard. Souviens-toi bien de ça : je veux voir cet enfant beau comme un ange. *(Il se gonfle soudain d'un air menaçant.)* Tu m'entends ? *(Et revenant à son air de majesté tranquille.)* Si ma lettre t'arrive le matin, je te souhaite le bonjour ; et si elle t'arrive le soir, je te souhaite le bonsoir.

(Il est arrivé à hauteur de la petite glace

*suspendue au mur, il y jette un coup d'œil et
lâche :)*

WILNOR

Ton beau capitaine. Wilnor.

*(Mais quelque chose ne le satisfait pas, à
l'intérieur de la glace; en toute hâte enlève
chemise et cravate, apparaît torse nu; déclare
enfin, sur un ton moins assuré.)*

WILNOR

Ton beau capitaine...

*(Il ne va pas plus loin. On dirait que la
formule l'écrase. Il porte une main à sa
bouche et ses épaules se recourbent, secouées
par un rire rentré.)*

WILNOR

Ton beau capitaine ?

*(On entend un bruit de ti-bois, qu'il écarte du
geste comme une tentation; mais le ti-bois
revient, s'accompagne maintenant d'un tam-*

bour qui secoue l'homme et le fait entrer dans une sorte de danse amère, gesticulatoire, apparemment désespérée. Soudain, l'homme s'arrête en même temps que le tambour, les deux pieds écartés, les bras sans doute pendants, et reprend pour la deuxième fois :)

Ton beau capitaine ?

(Le tambour repart de plus belle, à un rythme de plus en plus accentué, entraînant l'homme dans une danse à la fois très brève et très violente, jusqu'à ce que tout s'arrête, comme tranché au rasoir ; sauf que les bras de l'homme sont dressés au-dessus de lui et semblent se tordre, vouloir monter plus haut, tandis que le visage de l'homme est devenu pareil à un masque. Obscurité totale. On entend une dernière fois dans la nuit.)

WILNOR

Ton beau capitaine ?

Rideau

TABLE

IMP. BUSSIÈRE SAINT-AMAND (CHER)
DÉPÔT LÉGAL : OCTOBRE 1987. N° 9832 (1917).